Impressum

Bibliografische Information der Deutschen Nationalbibliothek
Die Deutsche Nationalbibliothek verzeichnet diese Publikation
in der Deutschen Nationalbibliografie; detaillierte bibliografi-
sche Daten sind im Internet über http://dnb.d-nb.de abrufbar.

Herstellung und Verlag: Books on Demand
GmbH, Norderstedt

ISBN-13: 9783837040494

Inhaltsverzeichnis

1 Anfang

Millionär will ich bald mal werden
Nicht im Himmel, sondern hier und jetzt auf
Erden
Begann daher Gedichte zu schreiben
Um bei euch Allen Geld einzutreiben
Natürlich ist dies nicht ernst gemeint
Wem es aber trotzdem plausibel erscheint
Der falle herein auf diese billige Masche
Und fülle mir mit Noten und Münzen die Ta-
sche
Den Andern werd ich nicht gerade empfehlen
Das Buch aus einem Laden zu stehlen
Aber einen Tipp hab ich trotzdem bereit
Blättert die Seiten nach hinten, ganz weit
Denn am Ende findet ihr die Gründe
Für diese kleine Dichter-Sünde

2 Umwelt

Politiker zu verunglimpfen
Über die Industrie zu schimpfen
Genau wie dieses Gedicht
Reicht dies eben nicht
Es ist Zeit zum handeln, liebe Leute
Nicht in der Zukunft, sondern heute
Das Ziel bleibt immer die Vision
Doch zu Beginn reicht kleines schon
Ein paar Tausend wären schon prächtig
Doch erst als ganzes Volk sind wir mächtig
Denn wenn die schädlichen Stoffe werden minder
Verdanken es doch sicher unsere Kinder
Hören wir auf, immer andere zu lehren
Beginnen wir zuerst, vor der eigenen Türe zu kehren
Kleine Einschränkungen im Alltag nur
Erhalten uns noch Generationen die Natur

Das Surren durch die ganze Nacht
Hat mich um den Schlaf gebracht
Nun juckt es mich am ganzen Körper
Ich find dafür schon unverschämte Wörter
Leise denk ich mir nun vage
Schon wieder eine neue Mückenplage

Immer mehr Kehricht auf dem Boden
Immer mehr Wälder, die wir roden
Immer mehr Schmutz, in den wir tauchen
Immer mehr Strom, den wir verbrauchen
Immer mehr Gase, die in die Luft entweichen
Ausgestorbene Tiere, jetzt nur noch als Leichen
Haben wir denn keine andere Option?
Oder ist dies wirklich der Preis der Zivilisation?

In den Bergen liegt der erste Schnee
In den Hütten gibt's schon Jägertee
Von den Bäumen auch das Laub jetzt fällt
Schon sieht man, dass der Winter Einzug hält

Früh in der Nacht begann es heftig zu schneien
Darum musste er die Autoscheiben vom Eis befreien
Was sich seit Neustem jedoch häuft
Ist, dass der Motor dazu bereits läuft
Dies macht er aus purem Eigennutz
Und denkt dabei nicht an den Umweltschutz

Die Aare an einem Oktober-Morgen
Die Natur noch im Nebel verborgen
Goldene Blätter schwimmen wie Boote
An den Bäumen hängen aber auch noch grüne und rote
Vertrieben ist die dunkle Nacht
Es leuchtet die herbstliche Farbenpracht

Im Norden peitschen Stürme an Deiche
Im Süden verpasst ein Zug eine Weiche
Im Westen läuft Lava aus einem Krater
Im Osten verliert ein Kind seinen Vater
Katastrophen und Kriege
Erleben wir von der Wiege
Unser ganzes Leben lang
Doch was man dagegen machen kann
Wissen wir leider noch nicht
Und wenn der nächste Damm wieder bricht
Wird uns einmal mehr klar
Dass dies bestimmt nicht der letzte war

Lange müssen wir nicht mehr warten
Dann fällt der erste Schnee in unserem Garten
Silbern glitzernd durch die Sonne
Wird die Aussicht zur reinen Wonne
Ich geniesse den Anblick aus unserem Haus
In diese beschauliche Landschaft hinaus
Ich betrachte es noch heute als Privileg
Zu geniessen den Wintereinzug an unserem
Weg

Wenn die Sonne wieder in unseren Garten
scheint
Und der Himmel nicht mehr so oft weint
Wenn ich an den Sträuchern seh die ersten
Beeren
Und die Vögel langsam von Süden heimkehren
Dann ist der Frühling nicht mehr weit
Wahrlich auch eine tolle Jahreszeit

Zwei Weltkriege hat die Menschheit überstanden
Wir sahen Bomber starten und auch landen
Doch einen Kampf können wir nicht gewinnen
Darum sollten wir uns zur Vernunft besinnen
Denn wenn wir uns weiter gegen die Natur aufbäumen
Werden wir alsbald das Feld auf Erden räumen
Um Ressourcen sollten wir uns darum besser sorgen
Denn die können wir uns später nicht einfach aus dem Weltall borgen
Seid daher aufgefordert, hierbei mitzumachen
Sonst vergeht uns allen bald das Lachen

Zuerst hat man ihn gehegt und gepflegt
Nun hat man den Bär in der Schweiz erlegt
Er störte die Menschen doch kaum
Stellten die einen als These in den Raum
Doch! Er sei nun ein Sicherheitsrisiko
Schlage immer öfters zu, aber man wisse nicht wo
Ausserdem ängstige er die Leute beim wandern
War die Aussage der andern
Auch wenn wir nun vielleicht nicht mehr hoffen
Eine Frage, die bleibt für mich aber offen
Wäre er nicht jetzt in einem grossen Zoo
Zusammen mit seinen Kumpanen glücklich und froh

3 Gesellschaft

Landauf, landab Beziehungsdramen
Ist dies nun der gesellschaftliche Rahmen
Haben wir nun diese Welt gewählt
Auf der nur noch der eigene Vorteil zählt
Sollten wir uns nicht einmal besinnen
Um diesem Egoismus zu entrinnen
Denn in diesem ganzen Streben
Vergessen wir nur allzu oft das ‚geben'

In den schönen und gehobenen Kreisen
Pflegt es sich recht kompliziert zu speisen
Den Hähnchenschenkel zerlegt man mit dem
Messer
Dabei ging es mit den Händen doch viel besser
Nur im Hemd zu sitzen wäre cool
Doch das Jacket gehört nicht an den Stuhl
So sitzt der Snob halt steif auf seinem Hocker
Da geht's mir gut, denn ich nehm's lieber locker

Weine, Bier und Spirituosen
Ob in Gläsern oder auch in Dosen
Den Genuss im Übermass, den gilt es zu vermeiden
Sonst wirst du tags darauf ganz grausam leiden
Solltest du doch jetzt schon doppelt sehen
Dann lass wenigstens dein Fahrzeug stehen

Heute begegne ich dem Prüfungsstress
Äusserst mutig und auch kess
Denn heute kann ich bauen
Auf mein grosses Selbstvertrauen
Abgenommen hat das Nervenflattern sehr
Und ich krieg auch keine feuchten Hände mehr
Mit der nötigen Ausgeglichenheit
Bin ich nun für jeden Test bereit
Das alles hab ich nur geschafft
Mit Lust, Humor und Leidenschaft

Bei einem Laufsteg-Modell
Geht essen und kotzen ganz schnell
Wiegen darf sie nie zuviel
Denn die Traumfigur ist ja das Ziel
Denk aber an den Bodymass-Index
Denn so wirst du zerbrechlich beim Sex
Auch die Unbeschwertheit kommt so nicht
mehr zurück
Dauerhaft fehlen wird dir dein Glück

Unsere hübsche Miss Schweiz
Auf dem Bierdeckel in meiner Beiz
Sagt mir, ich soll noch eins trinken
Dann würde auch mir ein Schönheitspreis win-
ken

Heute ist's nicht mehr modern
Wenn man sagt, die Frauen putzen gern
Denn auch der Mann hat dies Talent
Selbst wenn er sich nicht gern dazu bekennt
Trotzdem geht sie wohl noch lange nicht in
Rente
Die uns allen wohlbekannte WC-Ente

Ein schweizerdeutsches Lied ist sehr beliebt
Weil es mir ein wenig Heimat gibt
Drum erlaubt mir, hier zu werben
Auf dass die Mundartlieder niemals sterben
Denn es wird uns immer gut gefallen
Wenn ein Heimatlied klingt durch die Hallen

Ein Mann liess den Kassierer glauben
Er wolle seine Bank ausrauben
Bedrohte ihn mit einer Waffenattrappe
Sein Gesicht versteckt unter einer Kappe
Doch eigentlich hatte er ein gutes Herz
Und machte nur einen dummen Scherz
Was die Polizei aber gar nicht lustig fand
Und ihn nach der Tat an einen Pfosten band
Nun ist sein Leben in Justitias Hand
Schnell mahlen die Gesetzesmühlen in unse-
rem Land

Wo bin ich ob all dem Glamour platt
In St. Moritz und auch in Zermatt
Wo hat man einen Hauch von Luxus gern
In Gstaad und auch in Luzern
Doch mein Reichtum ist die Bescheidenheit
Sowie mit meiner Frau die Zweisamkeit

Den Computer programmieren
In PC-Spielen reagieren
Meist die halbe Nacht
Hat er dies jeweils gemacht
Auch die Surferei im Internet
Zog er vor dem Ehebett
Doch seine Frau fand's gar nicht nett
Und schläft nun mit einem Andern im Duett

Sie treten und sie schlagen
Geh'n einander an den Kragen
Bereits in jungen Lenzen
Kennen sie kaum Grenzen
Erniedrigung erfolgt in Gruppen
Frauen werden angemacht als Puppen
Gewalt hat sich ins Land verschleppt
Wo ist dagegen ein Rezept
Ich weiss es leider nicht
Drum endet hier nun dies Gedicht

Es sind zwar interessante Rennen
Die die Guten von den Schlechten trennen
Wenn dann aber auch der Letzte das Ziel erreicht
Und auch bei ihm die Enttäuschung der Freude weicht
Erst dann sind wir alle Sieger
Und messen uns auch später wieder

Über den Dächern von Cannes und Nizza
Essen sie selten nur Pasta und Pizza
An der edlen und stilvollen Bar
Gönnt man sich schon mal Beluga-Kaviar
Hummer ist ebenfalls im Trend
Auch Austern schlürft man behend
Dazu fliesst massenweise Sekt die Kehlen hinunter
Mann, der Jetset treibt es auch immer bunter

In jedem Scheidungsfalle
Verlieren von den Beteiligten alle
Drum überlegt euch diesen Schritt gut
Denn aus Enttäuschung wird schnell einmal Wut
Und die gipfelt selten in einem Sieg
Umso öfter aber in einem hässlichen Krieg

Warum trifft es immer mich
Das ist doch absonderlich
War in Eile einmal mehr
Doch hier im Stau ging gar nichts mehr
Warum trifft es immer mich
Das ist doch einfach widerlich
Hatte neue Schuhe, schöne weisse
Und schon trat ich draussen in die Hunde-
scheisse
Warum trifft es immer mich
Das ist doch einfach scheusslich
Gab dem Bus zwar noch ein Zeichen
Konnt' ihn trotzdem nicht mehr erreichen
Musste nun im Regen warten
Und hatte auch zuhause schlechte Karten

Schön, trifft es immer mich
Ich find' das wirklich herrlich
Kaufte mir ein Lotto-Los
Hatte schon bald ne Menge Moos
Schön, trifft es immer mich
Das ist ja wirklich genüsslich
Wollte im Urlaub was erleben
Traf dabei auch noch die Frau fürs Leben
Schön, trifft es immer mich
Es ist ja schon fast peinlich
Den schlecht gekochten Kugelfisch
Erhielt der Herr am Nebentisch
Ich bekam das Schokoladenmousse
Und dazu einen Kaffee mit Schuss

Der Schauspieler kann auf Kommando lachen
Macht auf Befehl die skurrilsten Sachen
Beginnt nach Drehbuch auch zu weinen
Manchmal könnte man tatsächlich meinen
Es seien wirklich echte Emotionen
Diese Hinterfragung aber würde sich nicht lohnen
Denn wichtiger als dieses Scheinleben
Ist es, echte Liebe zu geben

Bei uns scheint dann die Sonne
Sagt der Zürcher oft mit Wonne
Dafür ist unsre Fasnacht halt die Beste
Verkündet der Basler dem Schweizer Reste
Touristisch sind wir dafür top
Erzählt der Luzerner ganz salopp
Da sagt der Berner völlig ungeniert
Dafür werdet ihr alle von der Bundesstadt regiert

Mit Alkohol im Blut zu fahren
War schon vor vielen Jahren
Ein schmaler Grat zwischen Tod und Leben
Doch es wird immer Leute geben
Die diesen Wahnsinn nicht begreifen
Da kann man nur sagen: welch idiotische Pfeifen

Wenn überall auf Erden Frieden wäre
Nirgendwo ein Krieg oder eine Polit-Affäre
Wogegen sollten wir uns dann noch wehren
Warum sollten wir noch aufbegehren
Keine Zwiste und auch nirgendwo Intrigen
Keine Mächte, welche über andere obsiegen
Etwas würde uns dann sicher fehlen
Für unsre dekadenten und streitsüchtigen See-
len

Die tiefsten Meeresgräben haben wir besucht
Private Reisen ins Weltall haben wir gebucht
Durch endlose, heisse Wüsten sind wir schon
marschiert
Den freien Fall aus grosser Höhe haben wir
probiert
Die höchsten Berge haben wir bestiegen
Doch Aids und Krebs, die konnten wir noch
nicht besiegen

Und hier für Junge ein Gedicht
Wir haben Pickel im Gesicht
Die Stimmung schwankt, das ist normal
Viel Weltbewegendes ist uns zur Zeit egal
Nach Hause kommen wir sehr oft zu spät
Das gehört nun mal zu unserer Pubertät

Nikotin und Alkohol
Tun vielleicht der Seele wohl
Nicht aber deinen inneren Organen
Drum solltest du dein Leben vielleicht kürzer
planen

Kann man es heute noch wagen
Auf Skipisten keinen Helm zu tragen
Zumindest sollte jeder wissen
Ist die Schädeldecke mal gerissen
Bist du darob dann sicherlich bestürzt
Und vielleicht wird dir dann noch die Leistung
der Versicherung gekürzt

Trotz einem gefährlichen Tumor
Verlor er nie den Humor
Es soll uns in Erinnerung bleiben
Wie er sich wehrte gegen sein Leiden
Denn als Belohnung beim nächsten Befund
War er überraschend wieder gesund

Es gibt Patriarchen
Die jeden Abend schnarchen
Und ihren Frauen untersagen
Sich darüber zu beklagen
Dass diese Damen sich nun berieten
Kann man ihnen nicht verbieten
Denn ein kleiner Anfang ist dies schon
Auf dem Weg zur Emanzipation

Eine Yacht, dies ist mein grosser Traum
Erreichen werd ich ihn wohl kaum
Doch wie hiess es einst und jetzt
Die Hoffnung stirbt zuletzt
Drum lasst euren Wünschen freien Lauf
Nehmt auch mal Enttäuschungen in Kauf
Denn nur wer auch auf Phantasien baut
Und dann und wann nach vorne schaut
Nur wer geistig nicht verrostet
Hat das Leben wirklich ausgekostet

Über eine Milliarde Menschen mit Aids infiziert
Diese Zahl, die hat mich deprimiert
Leid auf allen Kontinenten ohne Ende
Wie schaffen wir bei dieser Krankheit noch die Wende
Hunderttausende sind mittlerweile tot
Flächendeckende Aufklärung tut sicher Not
Alle Jungen müssen bereits wissen
Dieses Virus ist gefährlich und auch gerissen
Schon beim ersten Abenteuer überträgt es sich
Drum sei immer vorsichtig und schütze dich

Die Lieder von ABBA haben wir nachgesungen
Zur Discomusik haben wir das Tanzbein geschwungen
Unsere Kleider glitzerten in der Sonne
Die Dancingbesuche waren eine Wonne
Der Rhythmus lag uns in den Knochen
Bis zum nächsten Sommerhit zählten wir die Wochen
In jedem Musikfilm lernte man einen neuen Schwung
Was sorgten doch die siebziger Jahre für Begeisterung

Unsere Sprache hat stark abgegeben
Viele Ausdrücke sind doch schlicht nur noch daneben
Oftmals würde man besser einfach schweigen
Den Beweis dafür, den kann ich euch gleich zeigen
Denn mit der Aussage „Hey Mann"
Kommt man sicher an kein Traumgirl ran

Flugangst ist äusserst unangenehm
Schwitzend von oben die Landschaften sehn
Therapien sind überall im Angebot
Um zu lindern diese leidige Not
Doch die sicherste Statistik macht keinen Sinn
Wenn ich im nächsten abstürzenden Flugzeug bin

Um gepflegt zu kommunizieren
Muss man die Wörter sorgfältig sortieren
Um zu rhetorischen Höhenflügen abzuheben
Muss man die Sprache richtig leben
Wir wissen manchmal gar nicht, was wir daran
haben
Obschon wir uns täglich an dieser Kunst erla-
ben
Dieses menschliche Privileg gilt es sachte zu
verwalten
Um unsere Kommunikation noch lange zu
erhalten
Denn falsch verstanden zu werden
Führte schon oft zu Kriegen auf Erden

4 Familie

Wohl unser grösster Lebenslohn
Waren die Geburten von Tochter und Sohn
Waren zu erziehen recht leicht
Haben beide etwas erreicht
Berichten kann ich mit geschwellter Brust
Das Zusammensein mit ihnen ist Lebenslust

Sich gemütlich auf das Sofa legen
Mal gar keine Pläne hegen
Vom letzten Urlaub träumen
Das Durcheinander im Kopf aufräumen
Einfach in den Tag hinaus zu dösen
Einfach mal ein Kreuzworträtsel lösen
Das nenne ich Erhohlung pur
Schade, dass es selten vorkommt nur

Die Symbiose von Musik und Licht
Das Gefühl, wenn man ins Paradies einbricht
Der Garten Eden in seiner vollen Pracht
Ein Engel, der am Eingangstor wacht
So stell ich's mir vor, das vollendete Glück
Trotzdem kehr ich gerne zu dir mein Schatz zurück
Denn nur hier fühle ich wahre Geborgenheit
Und geniesse sie in Liebe und Dankbarkeit

An einem wunderschönen Karibikstrand
Lag im goldgefärbten, feinen Sand
Ein zierliches und hübsches Wesen
Es ist doch gestern erst gewesen
Sagt mir mein Gefühl noch heute
Doch dies täuscht gewaltig, liebe Leute
Da bin ich wohl in einem ewigen Traum gefangen
Denn seither sind 25 Ehejahre vergangen

5   Politik

Mit Anzug und Krawatte
Steigt er ganz schnell in die Debatte
Leute, lasst's euch endlich sagen
Unbequeme woll'n wir nun verjagen
Da erwidert ihm auch schon der Linke
Dass seine Meinung doch ganz übel stinke
Vielmehr müsse man noch viele holen
Entgegnet er ihm unverhohlen
Das Geschehen wogt nun hin und her
Eine Intervention des Moderators gibt's nicht
mehr
Am Ende folgen Zoff und auch Radau
Willkommen bei Arena im TV

Demonstrationen mit Chaoten
Gehören langsam, aber sicher verboten
Ob wirtschaftlich oder politisch bedingt
Ob die Gewerkschaft mit den Arbeitgebern
ringt
Es ist mühsam, wenn die Stadt in Schutt und
Asche liegt
Und die Anarchie über jede Vernunft obsiegt
Die Bilder, die sich jedes Wochenende gleichen
Wie Bürger für den Einkauf in die Quartiere
ausweichen
Die grosse Menge hat es so satt
Drum tragt endlich mehr Sorge zu unserer
Stadt

In letzter Zeit wird öfters über Renten disku-
tiert
Die älteren Semester sind schon ganz frustriert
Einen Grossteil ihres Lebens verbrachten sie
mit Arbeit
Allzu kurz kam oftmals dann die Freizeit
Sie schenkten uns ihren Willen und ihr Kön-
nen
Darum sollten wir ihnen das Altersgeld nun
gönnen

Eine langjährige Käsekultur
Eine höchst präzis laufende Uhr
Berge und Gletscher voll Schnee und Eis
Schokolade braun, schwarz oder weiss
Dies alles hat seinen Reiz
Denn dies ist schliesslich unsere Schweiz

Jugendgewalt und Raserei
Betrug und Geldwäscherei
Tausende Akte von Vandalen
Viele Reiche mit Steuerpauschalen
In Internaten versnobte Töchter und Söhne
Exorbitante Managerlöhne
Eine Gastfreundschaft voller Geiz
Auch dies ist vielleicht unsere Schweiz

Vor 18 Jahren fiel die Berliner Mauer
Die Freude darüber vertrieb die Trauer
Einige wollen sie wieder erbauen
Ohne dabei zurückzuschauen
Ohne der Opfer zu gedenken
Wollen sie die Geschichte versenken
Wollen zurück die damalige Zeit
Sind nicht für Neuerungen bereit
Hätten sie selber tote Freunde zu beklagen
Würden sie wohl kaum solche Äusserungen
wagen

Das Politkarussell dreht sich munter weiter
Die einen klettern hinauf auf der Leiter
Andere stürzen abrupt von den Sprossen
Und werden mit Häme und Spott übergossen
Doch schnell kann der Wind wieder drehen
Plötzlich bleiben Sieger wieder stehen
Drum sollte sich niemand allzu früh freuen
Sonst könnte er es einmal bitter bereuen

Das Urteil des Psychologen
Hat das Gefängnis dazu bewogen
Den Schwerverbrecher zu entlassen
Doch dieser schlug wieder zu in den Gassen
Verübte wieder diverse Taten
Vielleicht wären wir manchmal besser beraten
Uns selbst vor diesen Ganoven zu schützen
Wenn die Gutachten ja sowieso nichts nützen

Entweder wir lassen es im Müll vergammeln
Oder wir beginnen, das Alu nun zu sammeln
Denn Recycling tut der Umwelt gut
Und mindert auch den Grünen ihre Wut

Steuererhöhung oder Sozialabbau
Gebührensenkung oder Rentenklau
In den letzten Jahren
Hat die Politik sich festgefahren
Anstatt gemeinsam am Strick zu ziehen
Dominieren Grabenkämpfe und Ideologien
Dabei liegt die Lösung auf der Hand
Faire Kompromisse benötigt dieses Land

6 Sport

Laufen und joggen, das ist gesund
Diese Botschaft tue ich euch gerne kund
Allerdings solltet ihr es meiden
Am Anfang bereits zu übertreiben
Drum startet gemütlich mit kurzen Wegen
In der Art wird sich der Zwang auch bald legen
Es wird zur Gewohnheit euch werden
Sport zu treiben auf Mutter's Erden

Die Fussball-Elf nur noch schnell beim Pausen-Tee
Die Skifahrer neben der Piste im Schnee
Die Clubs im Clinch mit dem Verband
Dadurch auch Eishockey im Stillstand
Aber bevor nun die andern Nationen uns foppen
Sollten wir uns vielleicht auch dopen
Dann wären wir wieder ein Sport-Bastion
Und nicht nur eine Tennis- und Segel-Nation

Flieg, Simi flieg
Schrie man ihn zum Olympiasieg
Nach einer Krise schrieb er das nächste Kapitel
Mit dem grandiosen Weltmeistertitel
In diversen Sendungen zu Gast er war
So gedieh er zum absoluten Superstar
Von Werbern nicht schlecht entlöhnt
Zum Sportler des Jahres gekrönt
Und trotzdem sympathisch geblieben
Den Ammann, den muss man einfach lieben

Am Lauberhorn gab's wieder eine Riesenschau
Am Samstag war das Wetter zwar noch grau
Am Sonntag aber waren alle platt
Denn es fand eine perfekte Abfahrt statt
Zum Glück hat man den Start um einen Tag
verschoben
Daher auch ein grosser Dank an die Meteoro-
logen

Im altehrwürdigen Hallenstadion
Sahen wir manche Vorstellung schon
Speziell gut stimmten Leistung und Preis
Beim Spektakel namens ‚Art on Ice'

Eine grössere Menge an Übergewicht
Dazu ein aufgedunsenes Gesicht
Dieser Anblick störte mich nun
Darum musste ich etwas dagegen tun
So begann ich mit diversem Sport
Und brachte die Kilos damit fort
Nun kann ich mir im Spiegel wieder zuwinken
Ohne vor Scham im Boden zu versinken

7 Wirtschaft

Die Eingliederung in den Berufsprozess
Ist heutzutage ein enormer Stress
Bereits schon in der 7. Klasse
Man sich mit Bewerbungen befasse
Und was denkt die grosse Zahl
Der Wunschberuf, der wäre doch ideal
Dazu braucht es Anstand und auch Wille
Und nicht irgendeine Drogenpille
Stetes Lernen wird vorausgesetzt
Sonst ist dein Traumjob schnell von anderen
besetzt
Ich hoffe, dass dein erster Lehrvertrag
Dich an diesen Rat erinnern mag

Hardware, Software, Daten und Prozesse
Gibt es alles an der Computermesse
Wie angenehm fürs Auge ist im Gegensatz
dazu
An der BEA der Anblick einer Kuh

Wenn ich mich gegen lange Arbeitszeiten weh-
re
Und dafür mehr Lebensqualität begehre
Dann ist dies zwar mein gutes Recht
Doch finanziell geht es mir dann eher schlecht

Die einen sagen, dass es ihnen stinkt
Wenn bei der Notenbank der Leitzins sinkt
Würde dieser Zinssatz aber steigen
Müssten wiederum die Aktienhändler leiden
Seid daher vorsichtig mit Wertpapieren
Denn mit ihnen könnt ihr eine Menge Geld
verlieren

Anstelle der normalen Schwangerschaft
Oder zur Steigerung der Wirtschaftskraft
Entsteht ein Kind aus der Retorte
Wird produziert eine genmanipulierte Sorte
Und dies alles zu welchem Preis
Ein Genie, der dies heute bereits weiss

Aus Sevilla ein Barbier
Trank im Stammlokal ein Bier
Das schmeckte ihm so sehr
Dass er trank noch etwas mehr
Doch zurück in seinem Laden
Ging die Karriere dann halt baden
Denn leicht benebelt war er jetzt verloren
Und schnitt dem besten Kunden in die Ohren
Weil dieser es nicht lustig fand
Traf er ihn gleich mit der flachen Hand
Mitten auf die rote Wange
Dem Frisurenkünstler wurde Angst und bange
Er flüchtete schnell weg von hier
Und trank nie mehr zur Arbeit Bier

Früher baute man sich eine Burg und ein Schloss
Und ritt durch die Gegend hoch auf dem Ross
Heute baut man eine Villa und ein Haus
Und fährt mit dem Auto ins Grüne hinaus
In Zukunft bauen wir auch im Wasser überall
Und fliegen mit Raumschiffen ins All

Wenn die Produktion mal nicht läuft
Und sich langsam ein Verlust anhäuft
Braucht es nicht nur eine Menge Schweiss
Nützt vielleicht nicht nur grosser Fleiss
Sondern wichtig ist, dass man dann weiss
Angebot und Nachfrage bestimmen den Preis

Es ist eine grosse Ehre für mich heute
Wenn ich sehe die vielen Leute
Zu sprechen nun zu Ihnen allen
Meine Rede, die wird euch gefallen
Keinen Rückblick gibt es nun
Keinen Ausblick werd' ich tun
Nur eines teile ich euch mit
Prost und guten Appetit

Wenn das Arbeitsumfeld nicht mehr stimmt
Und man täglich Sorgen mit nach Hause nimmt
Wenn der Stress an einem nagt
Wenn das logische Denken oft versagt
Wenn man sicheres Auftreten nicht mehr wagt
Und wichtige Entscheidungen vertagt
Dann leidet die Gesundheit
Das Burn-out ist dann nicht mehr weit
Drum hör vermehrt auf solche Zeichen
Denn sonst wird dein Ehrgeiz nicht mehr reichen
Damit deine Ziele in Erfüllung gehn
Und du wirst für lange Zeit im Abseits stehn

Vom PC abhängig zu sein
Ist manchmal Segen, aber oftmals auch Pein
Ärger sammelt sich schnell mal an
Wenn das kleine Gerät mal was nicht kann
Probleme gibt's fast jederzeit
Wenn das Ding mal plötzlich schweigt
Dabei hätte man ihm besser doch verzeiht
Denn auch er ist vor Fehlern nicht gefeit

Lässt man die Vermieter gewähren
Steigen die Zinsen in astronomische Sphären
Darum würde es sich vielleicht lohnen
Wieder vermehrt auf dem Lande zu wohnen
So würde die Nachfrage in den Städten sinken
Und es würden wieder faire Preise winken

Wir machten eine Expertise
Für den Ausweg aus der Krise
Unserer Binnenwirtschaft offenbar
War dieser Weg dann doch nicht klar
Das Ganze wurde nur noch schlimmer
Und unser Laden schloss daher für immer

Die Börse spielt mal wieder verrückt
Gestern hat mich der Aktienkurs entzückt
Heute hoffte ich auf den gleichen Effekt
Habe dann aber schnell mal entdeckt
Dass es nicht immer in dieselbe Richtung geht
Und der Aktienpreis schnell wieder ganz unten
steht

Moderne Musikplayer sieht man immer mehr
Auch ich liebe diese Art von Unterhaltung sehr
Immer schärfer werden die Bilder, immer bes-
ser der Ton
Auf der Strecke bleibt aber leider die Kommu-
nikation

Da sitzt er nun der kleine Wicht
Ganz einsam vor dem Amtsgericht
Wollte die Versicherung betrügen
Musste dafür auch den Chef belügen
Doch dies hat sich nicht gelohnt
Denn die Justiz hat auch ihn nun nicht ver-
schont
Sein Traum vom Reichtum ging jetzt baden
Dafür hat er nun den finanziellen Schaden

Des Maurers geschundene Hände
Sprechen bisweilen ganze Bände
Erzählen von Akkordarbeiten
Vom Werken in rezessiven Zeiten
Doch jetzt muss er keinen Zement mehr giessen
Und darf die verdiente Rente geniessen

Die Pia und die Trixi, das sind zwei Kesse
Halfen schon oft bei der Fahrzeugmesse
Tragen mitunter die kürzesten Röcke
Ziehen sie damit an, die lüsternen Böcke
Auf diese Weise verkaufen wir sehr viel
Und erreichen locker das Absatzziel
Ist der Umsatz auch im nächsten Jahr noch gesund
Und läuft das Geschäft weiterhin rund
Dann werde ich Pia und Trixi gebührend loben
Und schenk ihnen ne Prämie in Form von noch kürzeren Roben

Gerieten sich zwei Händler in die Haare
Es ging um den Absatz ihrer Ware
Für den einen gings mit Leasing auf
Der andere war strikt für den Verkauf
Wenn ich ihnen nun nen Kompromiss anbiete
Einigen sie sich vielleicht auf Dauermiete
Lassen wir sie zusammen aber weiterraufen
Werden sie garantiert noch lange nichts verkaufen

Sie schlachten Robben ohne Gnade
Es ist brutal und jammerschade
Diese mordende und rücksichtslose Bande
Ist doch für die Menschheit eine Schande
Aufgrund dieser Situation und Lage
Stell ich euch nun die folgende Frage
Ist dieses sinnlose und blutige Töten
Nur der Schönheit Willen echt von Nöten

War man vorher Haus- oder halt Familienfrau
Ein Wiedereinstieg hinterher ist immer schlau
Die nötige Ausbildung für diesen Schritt
Bekommt man an einer Weiterbildungsschule
mit
Es geht ja nicht nur drum, sich etwas aufzu-
bauen
Sondern generell um ein gestärktes Selbstver-
trauen
Am Anfang wird es nicht ganz einfach sein
Doch bald bricht über euch ein grosser Stolz
herein
Im Nachhinein werden alle Mutigen euch sa-
gen
Zögert nicht, diesen Neuanfang zu wagen

Gewinne maximieren
Belegschaften halbieren
Investoren animieren
Riesenbonus abkassieren
Solch kurzfristiges Unternehmerdenken
Könnten wir uns eigentlich schenken
Viel tiefer wären die ökonomischen Hürden
Wenn wir etwas bescheidener würden
Doch hier tritt der Ehrgeiz in den Wirtschafts-
raum
Drum bleibt dies Ansinnen wohl ein Traum

Auch für Unternehmen würde ich gerne dich-
ten
Vielleicht sollten sie meine Arbeit einmal sich-
ten
Das Angebot würde die Nachfrage dann schon
wecken
Und man könnte mir einen Auftrag entgegen-
strecken
Damit sich ihre Kunden angesprochen fühlen
Müssen sie nur in meinen Werken wühlen

Tierversuche werden noch immer gemacht
Vom Staat nur mangelhaft überwacht
Mäuse erhalten unzählige Spritzen
Die ihren Körper gnadenlos erhitzen
Dadurch leiden sie an starken Beschwerden
Nur damit wir durch die Kosmetik noch schöner werden
Logisch daher der Ruf von Meister Petz
Schafft endlich ein griffiges Tierschutzgesetz

Am Anfang als Request verfasst
Steht ein Wunsch, der auch dem Business passt
Das Ganze wird dann schnell verfeinert
Und in ein paar Requirements zerkleinert
Danach wird nach Lösungen gesucht
Und beim Provider um eine Offerte nachgesucht
Vor Budgetüberzügen wird schon hier gemahnt
Und die Leute für die Realisierung eingeplant
Mit der Genehmigung hat man sich mal beeilt
Und den Leistungsabruf schnell einmal erteilt
Die Programmierer erledigen dann den Rest
Und schon bald geht's in den Einzeltest
Alsbald wird das ganze System kontrolliert
Und die Abweichungen nachrealisiert
Auch der Betrieb wird ins Testing einbezogen
Und schlussendlich auch die letzten Fehler behoben
Ist das Deployment dann getan
Lässt man das Business an die Anwendung ran
Vom Sponsor wollen wir nun etwas Kohle
Auf das das Problem sich nicht mehr wiederhole
Die Abnahme, die können wir uns somit schenken
Denn unsere Qualität verscheucht allfällige Bedenken

8   Medien

Castings sind der neue grosse Hit
Es macht beinah schon jeder Trottel mit
Der Erste singt noch ganz famos
Doch die Fachjury ist gnadenlos
Nach dem Urteil fliessen Tränen
Und überhaupt, die Show, die ist zum gähnen
Drum sag ich's jetzt ganz schnell in Kürze
Nur in den Werbefenstern liegt die Würze

Thurnheer's Sprachkadenz wird schneller
Wenn er schwärmt von Marco Streller
Beim Erb hingegen fliessen Tränen
Wenn wir Russi's WM-Sieg erwähnen
Der Jucker wird dann ziemlich böse
Und reklamiert mit viel Getöse
Wenn ein andrer TV-Sender
Beim Interview mit Siegern war behänder
Darüber ärgern wird sich wohl kaum lohnen
Es sind ja nur normale Emotionen

Punkt.ch, Heute und 20 Minuten
Gratisblätter, werden Sie jetzt vermuten,
Haben es uns angetan
Zum lesen in Bus, Tram oder Bahn
Ist die Sättigung dann mal erreicht
Und eine Zeitung der andern weicht
Wird es uns dann allen klar
Ob soviel Information denn nötig war

Im Fernsehen werden mir meist ganz unverhohlen
Dienstleistungen und Produkte wärmstens empfohlen
Mitten in den Filmen Knall auf Fall
Erscheint Werbung jederzeit und überall
Drum nutz ich heute diese Unterbrüche
Zur Speisenzubereitung in der Küche
Als Folge davon hab ich nun Übergewicht
Darum bitte die nächste Werbung für ein Diät-Gericht

Harry, hol schon mal den Wagen
Höre ich Inspektor Derrick sagen
Der geht dahin, ohne zu klagen
Denn so kann man effizient Ganoven jagen
Doch beim Fahrzeug angekommen sieht er rot
Denn das Vehikel steht doch glatt im Fahrverbot
Hundert Euro muss er auf dem Bussenzettel lesen
Zahlen sollte er dies von den Spesen
Das war für ihn dann doch zuviel gewesen
Da nahm er lieber noch ein Bier am Tresen

Über Radiowerbung musste ich oft lachen
Die erzählen oft von ganz skurrilen Sachen
Von ‚schneeweiss' beim waschen wird gesprochen
Und dazu habe man dann auch noch Blütenduft gerochen
Das Urteil muss ich ihnen überlassen
Inwiefern Schnee und Blumenpracht zusammenpassen

In der ersten Pause Zähne putzen
Die zweite zum rasieren nutzen
In der dritten kurz mal duschen gehn
So kann man Werbeunterbrüche elegant umgehn
Diese Gedanken für eine Fernsehnacht
Scheinen mir als Idee hier angebracht
Willst du aber die Werbeflut doch lieber inhalieren
Kannst du meine Tipps ganz einfach ignorieren

Telefongespräche in der Bahn
Treiben einen beinah in den Wahn
Es geht mir wirklich auf den Geist
Wenn es plötzlich wieder heisst:
Ich hab keine Ahnung, wo ich bin
Macht solches Geplapper denn noch Sinn
Probleme im Eisenbahnwagen zu lösen
Anstatt ein wenig im Sessel zu dösen
Als Zuhörer werd ich wohl weiterhin leiden
Denn niemand stoppt dieses unsinnige Treiben

9 Reisen

Unberührte Strände und auch mal schroffe Klippen
Gemütlich an exotischen Getränken nippen
Zur Abkühlung ins Meer eintauchen
Selbstverständlich Sonnencrème gebrauchen
Und wenn mal kühle Winde wehen
Ausgiebig in den Läden shoppen gehen
All dies ist Erholung pur
Wann beginnt der nächste Urlaub nur
Denn solche Ferien, liebe Leute
Hätt' ich nötig bereits heute

Sich ganz einfach nur zu bräunen
Und in den Tag hinaus zu träumen
Oder halt mit ein paar andern
Ein wenig durch das Land zu wandern
Es spielt doch keine grosse Rolle
Welche Art von Urlaub man nun wolle
Wichtig ist, dass man es tut
Denn ein Kurzurlaub ist immer gut

Das Wandern durch die Innerschweiz
Hat einen ganz besonderen Reiz
Traditionen, Bräuche und Kultur
Gehn einher mit Bergen, Seen und Natur
Doch das Beste kommt nach einer Weile
Das ist der kurze Weg in alle andern Landesteile

Bin ich wirklich immer schlau
Wenn ich mit dem Auto steh im Stau
Wär's nicht besser, mit der Bahn zu reisen
Sich richtig zu entspannen auf den Gleisen
Im bequemen Sessel find ich meine Ruh
Und Pünktlichkeit gibt's kostenlos dazu

Von diesem Sonnenuntergang
Träum ich noch mein Leben lang
Auch am Strand der feine Sand
Den ich beim Laufen als Genuss empfand
Kann ich genauso schlecht vergessen
Wie das Pizza- und das Pastaessen
Und die Leute waren immer gütlich
Drum finde ich Italien halt gemütlich

Früher fuhr die Bahn mit Dampf und Kessel
Gesessen hat man im Aristokratensessel
Heute sind die Kompositionen rassig und modern
Fehlt zuvorderst nur noch der Mercedesstern

All die grossen Hotelketten
Mit ihren Tausenden von Betten
Sind praktisch und auch gut
Wenn jemand eine Reise tut
Bleib ich aber im Urlaub mal zuhause
Und mach dort die eine oder andere Sause
Dann schlaf ich am liebsten im eigenen Bett
Denn auch dort ist es beileibe nett

Eine Reise mit der Bahn
Hat es mir immer angetan
Die Landschaft, die vorüberzieht
Die fremden Leute, die man oftmals sieht
Ankunft, Abfahrt und auch unterwegs
Die Entspannung, die geniess ich stets
Vielleicht, dass dies Gedicht euch nun befrem-
det
Darum bleibt es jetzt noch unvollendet

Wenn etwas noch Romantik hat
Dann ist's der Weihnachtsmarkt in unsrer Stadt
Sich an Glühweintassen wärmende Hände
Liebevoll verzierte Baumschmuckstände
Bratwurst-, Zimt- und Zuckerduft
Liegt in der kalten Winterluft
Nachdem nun auch die letzte Kerze brennt
Weiss jedermann, es ist Advent

Für den altgedienten Bayer
Ist's vielleicht nicht ganz die schönste Feier
Und doch trifft sich Europas Rest
Alljährlich am Oktoberfest

Dank den ganzen Neubaustrecken
Gibt's viel Neues zu entdecken
Und auch die neuen Alpentransversalen
Mit ihren grossartigen Portalen,
Die Bahn mit ihrer jetzigen Moderne
Lädt ein zum Schweifen in die Ferne

Ich dichte sehr gern
Im Zug zwischen Zürich und Bern
Denn auf diese Weise
Verkürzt sich vom Gefühl her die Reise
Manchmal sitz ich aber auch nur ruhig und still
Dann nämlich, wenn ich die Fahrt verlängern
will

In die rauhe See unser Schiff stach
Ich sah schon bald nahen das Ungemach
Der Kapitän steuerte es zwar recht
Trotzdem wurde mir langsam schlecht
Auch grossen Wellen konnte er abgeklärt trot-
zen
Und doch musste ich über die Reling kotzen
Seekrankheit brauche ich seitdem nicht mehr
Drum meide ich sämtlichen Schiffsverkehr

Weihnachtsmärkte sind der Renner
Und auch etwas für Gastro-Kenner
Denn besser als Arsen oder gar Strichnin
Sind Currywürste aus Berlin
Statt Pommes in Majo zu tünchen
Nimm lieber eine Dampfnudel in München
Und auch in Strassburg hat man gut lachen
Und kann kulinarische Höhenflüge machen
Sogar im Bahnhof Zürich liegt er in der Luft
Der zimtgeschwängerte Glühweinduft

Berge haben wir erklommen
Durch Seen sind wir schon geschwommen
In Höhlen sind wir oft gewatet
Und jetzt, liebe Leute, ratet
Was uns noch fehlt in der Natur
Ist mit Skiern eine Gletschertour

Auf der Zugstoilette wird geraucht
Die Sitze werden als Schuhablage missbraucht
Der Boden wird mit Essensresten verschmiert
Die Scheiben mit unnötigen Parolen ‚verziert'
Leute, helft ein wenig mehr Sorge zu tragen
Zu unseren schönen Eisenbahnwagen

Einfach ist es sicher nicht
Wenn man in den Skiurlaub aufbricht
Pack ich nun die warmen Kleider ein
Hab ich auch genug, um ‚in' zu sein
Soll es eher etwas leichtes sein
Doch für dies alles ist mein Koffer schlicht zu
klein
Drum schränk ich mich halt einfach ein
Denn auf der Piste muss ich ja kein Model sein

Wenn ich in Zürich mal den Zug verpasse
Und meinen Blick dann ziellos schweifen lasse
Können meine Sinne die weite Welt erhaschen
Reisende von nah und fern mit ihren Taschen
Rennende Beine, mal stämmig und mal zart
Der Duft von fremden Speisen aller Art
Diverse Sprachen, alle auf ein Mal
Hier fühlt man sich wirklich international

Wie folgt sieht der perfekte Skitag aus
Frühmorgens aus den Federn raus
Zum Start von Riederalp auf die Moosfluh
Danach im Carvingstil gegen Bettmeralp zu
Von dort per Gondel auf das Bettmerhorn
Im Gasthaus verzehrt man eine Trocken-
fleischportion
Anschliessend auf die Fiescheralp im Schuss
In Heidi's Hütte ein Apfelstrudel, welch Ge-
nuss
Der Gletscherblick als Ansporn
Zur Schlussfahrt auf das Eggishorn
In der Horlihütte schnell ein Kuchenstück
Und dann in flotter Fahrt nach Bettmeralp
zurück
Noch bevor ich nun die Skischuhe parkier
Beim Albi dann ganz schnell ein Bier
Beim Reini noch einen Kaffee mit Schuss
Das Aletschgebiet ist wirklich ein Genuss

Jede durchgeführte Ferienreise
Schlägt in mein Leben eine kleine Schneise
Ob im Sommer oder auch im Winter
Jedes mal steckt eine Erinnerung dahinter
Und ist diese später mal verschwommen
Wird gleich die nächste Buchung vorgenom-
men

10 Feste

Ich rieche es bereits in unserem Garten
Ich kann's schon fast nicht mehr erwarten
Der Duft von Zimt und von Vanille
Dringt zu mir durch jede Rille
Nun aber schnell hinein ins Haus
Kaum halt ich es noch aus
Meine Frau wird's hoffentlich goutieren
Denn ich will die Weihnachtskekse nun probie-
ren
Leider sind sie aber noch im Ofen
Nun gehör ich wirklich zu den Doofen

Was wir wohl alle öfters bräuchten
Sind Kinderaugen, welche leuchten
Ist das Lachen unsrer Kleinen
Und nicht solche, die nur weinen
Darum wollen wir jetzt Frieden sehen
Und ein fröhliches Weihnachtsfest begehen

An der diesjährigen Betriebsfeier
Erzählte der Direktor Meier
Seine müden und langweiligen Witze
Wach hielt mich nur noch die Koffeinspritze
Am Ende wollte er noch Allen danken
Begann am Rednerpult aber bereits zu schwan-
ken
Da war wohl ein bisschen viel Wein im Spiel
Denn seine Sprüche verfehlten nun deutlich
das Ziel
Im Publikum steigerte sich das Gekicher
Und eine Portion Spott war ihm nun sicher

Um ein Weihnachtsgedicht zu schreiben
Lasse ich meine Gedanken treiben
Lasse sie durch verschneite Wälder gleiten
Lasse sie auf geflügelten Pferden reiten
Lasse sie im Chor mit Engeln singen
Den Seelenfrieden sollen sie mir bringen
Keinen Ärger sehe ich weit und breit
In dieser hehren und besinnlichen Zeit

Verse schreib ich auch für Familienfeste
Kann erzählen über Jubilare nur das Beste
Kann Anekdoten in Reime verwandeln
Kann Kurzgeschichten mit Witz behandeln
Drum bringt eure Wünsche bei mir an
Mal sehen, was ich daraus machen kann

Nun ist wieder Fasnachtszeit
Kostümierte Menschen weit und breit
Schnitzelbänke zu diversen Themen
Welche sich Politiker als Opfer nehmen
Im Umzug winkt man ausgelassen mit den
Händen
Und vergnügt sich nachher an Getränkestän-
den
Und am Ende sagt man klipp und klar
Es war'n die schönsten Tage auch in diesem
Jahr

11 Konsum

Supermärkte und Einkaufsmeilen
Laden heute zum stundenlangen Verweilen
Bieten Waren in jeglichen Arten
Können mit immenser Vielfalt aufwarten
Und beim nächsten grösseren Kauf
Zeigt es mir wieder mal auf
Dass hier ein Bedürfnis steckt
Welches auch meine Neugierde weckt
Drum gehen wir auch hier mit der Zeit
Und geniessen diese Shopping-Freiheit

Früher hatte ich Telefonnummern im Kopf
gespeichert
Dies hat mein Gehirntraining bereichert
Auch Geburtstage hatten in meinem Schädel
Platz
Diejenigen von Freunden und auch die von
meinem Schatz
Heute werden meine Hirnzellen nicht mehr
angeregt
Denn ich habe alle Nummern auf dem Mobil-
telefon abgelegt
Vergesslichkeit hat dadurch Einzug gehalten
Hätt' ich die Daten doch besser im Kopf be-
halten
Dann könnt ich sie jederzeit verwalten
Ohne ein strahlendes Gerät einzuschalten

Vor Betrügern wird oft gewarnt
Denn diese operieren meist getarnt
Als Edelleute oder gar Touristen
Doch Leichtsinn wird immer in uns nisten
Drum geht die Rechnung meistens auf
Das Verhängnis nimmt dann seinen Lauf
So gesehen ist es doch ein Hohn
Die vielen Geldausgaben für die Prävention

Daniel, Hans und Fritz
Tranken zusammen Slivovitz
Für einen war's zuviel des Guten
Denn nur so lässt sich vermuten
Dass, wenn heute zwei das Glas erheben
Der dritte sich fast muss übergeben

Modeschauen in Mailand und Paris
Sind für das normale Volk ein wenig fies
Zu tragen sind die Kleider oft recht schwer
Und nach dem Kauf ist auch dein Konto leer
Da geh ich lieber in ein Warenhaus
Und such mir dort was Schönes aus
Wenn ich mich im Urlaub dann erhole
Mit der ganzen so ersparten Kohle
Dann geniesse ich bei Wein und Sekt
Diesen Entscheid, denn der war sicherlich kor-
rekt

In der Werbung ist jetzt Englisch in
Die neue Salbe ist perfekt für meine Skin
Im Film, da steht der Clooney wie ein Fels
Doch zu Kaffee, da fällt ihm nur noch ein
„what else"

Ich bezahle gerne etwas mehr in harter Wäh-
rung
Für ungespritzten Salat als gesunde Ernährung
Vielleicht hat's darin halt mal Würmer oder
Maden
Dafür ist er dann garantiert aus dem Bio-Laden

Es begann mit einem Ziehen im Magen
Es drückte mich in allen Lagen
Ich spürte eine seltsame Wärme
In meinem ganzen Gedärme
Nach dem Genuss von Speck und Sauerkraut
Hab ich schlussendlich die Toilettenschüssel
versaut
Doch nun ist mir wieder wohl
Beim nächsten Mal nehme ich besser Blumen-
kohl

Partnersuche über Agenturen
Hinterlässt vor allem beim Vermögen Spuren
Die gleiche Suche übers Internet
Macht nur die Börse des Vermittlers fett
Drum versucht's doch mal auf eine andere
Weise
Wie wär's zum Beispiel mit einer Ferienreise
Oder allenfalls, wer weiss
Ganz einfach im Bekanntenkreis

12 Diverses / Abstraktes

Ich kann dem Experten nicht das Wasser rei-
chen
Wenn er spricht von Gasen, die entweichen
Denn ich sag es bündig und auch kurz
Es ist doch nur ein ganz normaler Furz

Im Rheintal bei Grabs
Trank ich zusammen mit Babs
Meinen letzten bekömmlichen Schnaps
Und erlitt hernach gleich einen Kollaps

Ein reichlich oft zerstreuter Denker
Überfuhr mit einem satten Schwenker
Als völlig ungeübter Lenker
Seinen designierten Henker
Ein zweites Leben wurde ihm so geschenkt
Und er wird vorerst nicht im See versenkt

Ich flog schon dem Himmel entgegen
Wanderte schon auf heiligen Wegen
Für mich ist es ein grosser Segen
Mich auf Gott zuzubewegen
Denn dies ist die wunderbare Kraft
Die mir jeden Tag neue Freude schafft
Drum gebe ich mich dem Glauben gerne hin
Und hoffe, dass ich noch lange glücklich bin

Ein reicher Baron
Wohnhaft in Oerlikon
Telefonierte am morgen schon
Mit seinem Mobil-Telefon
Und charterte einen Heissluftballon
Für eine Fahrt nach Opfikon
Und dieser gesamte Aufwand, obschon
Er schneller wäre mit einem rollenden Thron

Heute werde ich mal Unsinn schreiben
Denn auch damit kann man sich die Zeit vertreiben
Kann ich im Dunkeln plötzlich nichts mehr sehen
Blieb der Cisalpino wohl im Lötschberg stehen
Würde man mir die Arme abhacken
Hätte ich Mühe beim Kofferpacken
Verleg ich mein Gebiss an einem unbekannten Ort
Versteht man nachher von mir wohl absolut kein Wort
Und bevor ihr mir nun schreit: genug!
Beenden wir diesen Literatur-Unfug

Liedertexte würd ich auch gern schreiben
Um euch auch dies Talent zu zeigen
Wie ihr zurzeit noch seht
Fehlt mir dazu nur der Interpret
Drum scheut euch nicht, mich anzugehen
Das Resultat, ihr werdet sehen
Wird euch ein Kompliment abringen

Und bald schon werdet ihr dazu auch singen

Kennt ihr auch das Vorurteil
Männer seien ständig geil
Oder tönt es bei euch auch manchmal so
Frauen gehen immer in Gruppen aufs Klo
Man wirft Milliarden in ein und denselben Topf
Das will mir einfach nicht in den Kopf
Denn für ein wenig Objektivität
Ist es beileibe niemals zu spät

Fettleibigkeit und Übergewicht
Bis unter mir der Boden bricht
Die Waage steht schon fast am Anschlag
Obschon ich immer noch futtern mag
Hoffentlich ist es noch nicht zu spät
Für eine bitter nötige Diät

13 Schluss

Erinnert euch nun ans erste Gedicht
Und sagt mir jetzt beileibe nicht
Dies geschah nur des Geldes wegen
Denn ich wollte euch einfach belegen
Dass mich trieb eine andere Kraft
Nämlich die Freude und Leidenschaft

So, nun hab ich an Gedichten zwölf Duzend
voll
Und finde diese Leidenschaft immer noch toll
Doch nun wollt ich dieses Hobby mit euch
teilen
Drum lud ich euch ein, zu lesen diese Zeilen
Ich verspreche euch aber bereits heute
Diese Sprachkunst fortzusetzen, liebe Leute
Und auch eure Wünsche dürft ihr gerne an-
bringen
Und mir weitere Verse und Reime abringen
Es bleibt mir nur noch herzlich zu danken
In der Hoffnung, ihr konntet etwas „geistige
Frischluft" tanken